ARRETS
DV GRAND CONSEIL DV ROY,

rendus contradictoirement à l'Audiance, les 10. Mars 1648. & 31. Decembre 1668.

Par lesquels il est ordonné, que les Docteurs en l'Vniuersité de Medecine de Montpellier, Rheims & autres Vniuersitéz pourront pratiquer & exercer la Medecine dans la Ville & Faux-bourgs de Paris ; & le Reglement requis pour la Liste de leurs noms, qualitez & demeures dans ladite Ville & Faux-bourgs de Paris.

ET

La Requeste composée & presentée audit Conseil le 22. Nouembre 1668. par Mᵉ Charles de S. Germain Docteur en la Faculté de Medecine, Conseiller & Medecin ordinaire du Roy, Procureur Syndic desdits Docteurs en l'Vniuersité de Medecine de Montpellier, Rheims & autres Vniuersitez, contre les Medecins de la Faculté de Paris à eux signifiée, auec les Arrests rendus sur ladite Requeste, aussi presentée contre les ignorans, charlatans & autres.

CONTENANT

La deffense des droicts & Priuileges de toutes les Vniuersitez, tant de la Ville de Paris, que des autres Villes du Royaume, & de tous les Docteurs qui y sont receus au degré du Doctorat.

ENSEMBLE

La Liste ou le Tableau des noms, qualitez & demeures desdits Docteurs en l'Vniuersité de Medecine de Montpellier, Rheims, & autres Vniuersitez, residens dans la Ville & Fauxbourgs de Paris, premiers Medecins, & Medecins ordinaires de leurs Majestez, de la Reyne Mere du Roy d'Angleterre, des Princes & Princesses du Sang, & des plus notables Officiers de la Couronne, & premiers Magistrats des Cours Souueraines.

A PARIS,
Chez l'Autheur, ruë des Cordeliers, proche la porte du Conuent.
M. DC. LXIX.

COPIE de l'Acte signifié au Doyen & Docteurs de la Faculté de Medecine de Paris, estant au bas de la Liste ou Tableau des Docteurs en l'Vniuersité de Medecine de Montpellier, Rheims & autres Vniuersitez.

A La requeste de Maistre Charles de S. Germain, Docteur en la Faculté de Medecine, Conseiller & Medecin ordinaire du Roy, Procureur Syndic des Docteurs en l'Vniuersité de Medecine de Montpellier, Rheims, & autres Vniuersitez, residens dans la Ville & Faux-bourgs de Paris, desnommez en la Liste ou Tableau imprimé de l'autre part, soit signifié & baillé copie, tant en son nom, que pour lesdits Docteurs en l'Vniuersité de Medecine de Montpellier, Rheims, & autres Vniuersitez, au Doyen des Docteurs en la Faculté de Medecine de Paris, à ce qu'ils ayent à reconnoistre pour Docteurs en la Faculté de Medecine tous les desnommez en la susdite Liste ou Tableau, composé & collationnè à l'original par ledit Sieur de Saint Germain; ensemble Maistre Antoine Forestz Docteur en la Faculté de Medecine, duquel le nom a esté adjousté en ladite Liste ou Tableau par Arrest contradictoire rendu à l'Audiance du grand Conseil, seul Iuge Souuerain des droicts & Priuileges des Vniuersitez de tout le Royaume, en datte du dernier Decembre 1668. & en consequence & execution d'vn autre Arrest contradictoire aussi rendu à l'Audiance dudit grand Conseil le 10. Mars 1648. entre les Doyen & Docteurs en ladite Faculté de Medecine de Paris, & Maistre Antoine Magdelain Docteur en l'Vniuersité de Medecine de Montpellier, à ce que lesdits Doyen & Docteurs en ladite Faculté de Medecine de Paris ne taxent pas à l'aduenir aucun desdits Docteurs en la Faculté de Medecine desnommez [illegible] ladite Liste ou Tableau, d'estre des ignorans & charlatans, & ne pas pretendre les troubler ny empescher dans le libre exercice de leur profession de Medecine, protestant en cas de contrauention de faire condamner les contreuenans à l'amande de la somme de cinq cens liures, requise estre ordonnée par ladite requeste presentée audit grand Conseil le 22. Nouembre 1668. par ledit Sieur de S. Germain, & presentement signifiée auec ledit Arrest du grand Conseil du dernier Decembre 1668. audit Doyen & Docteurs en la Faculté de Medecine de Paris, esdits noms, à ce qu'ils n'en pretendent cause d'ignorance, dont Acte. Signé CHARLES DE SAINCT GERMAIN.

Fait & signifié le contenu cy-dessus, & baillé & laissé copie de la susdite Liste ou Tableau, de l'Arrest dudit Grand Conseil du dernier Decembre 1668. & ladite Requeste aux protestations y mentionnées à Maistre Iean Garbe, Doyen des Docteurs en la Faculté de Medecine de Paris, en son domicille, parlant à sa personne, par moy Louis Goix, Huissier audit Conseil soussigné, demeurant ruë Barre du becq, ce vnze Ianuier mil six cens soixante-huit. Signé GOIX.

A NOSSEIGNEVRS du grand Conseil.

SVPPLIE HVMBLEMENT Charles de S. Germain Docteur en la Faculté de Medecine, Conseiller & Medecin ordinaire du Roy, demeurant ruë des Cordeliers; DISANT, Que le dixiéme iour de Mars 1648. il auroit esté rendu à l'Audiance du Conseil vn Arrest contradictoire, entre Maistre Antoine Magdelain aussi Docteur en Medecine, Conseiller & Medecin ordinaire du Roy, & les Doyen & Docteurs en Medecine de la Faculté de Paris, par lequel il est fait deffenses respectiues audit Magdelain & Docteurs en Medecine de la Faculté de Paris de se mesfaire ny médire; ce faisant ledit Magdelain auroit esté conserué & maintenu en la liberté d'exercer & pratiquer sa Profession de Medecine dans la Ville & Faux-bourg de Paris, depuis lequel temps de vingts années, lesdits Doyen & Docteurs en Medecine de Paris, ont laissé audit Magdelain & autres Docteurs en la Faculté de Medecine de Montpellier, Rheims & autres Vniuersitez le libre Exercice de leur Profession de Medecine dedans la Ville & Faux-bourgs de Paris, & n'ont point entrepris de les troubler, sinon que pour tascher de les décrediter, Ils ont fait vn arresté entr'eux, il y a quelques mois de ne plus consulter auec lesdits Docteurs en la Faculté de Medecine desdites Vniuersitez, tous lesquels ont estimé que ledit arresté leur estoit fort indifferent, estant vn grand nombre de Docteurs en Medecine, qui peuuent bien consulter ensemble, & qui sont les premiers & les plus éleuez dans les Charges éminentes prés leurs Majestez, Princes & Princesses du Sang, les plus doctes & les plus Experts en la Science & pratique de la Medecine, comme il se voit par la liste ou le Tableau de leurs noms, qualitez, & demeures à Paris, que le Suppliant a esté obligé de rechercher pour la preuue du present exposé aussi contenu dans vne precedente Requeste, qu'il a presenté au Conseil le 15. May dernier 1668. contre lesdits Doyen & Docteurs en Medecine de Paris, aux fins que ledit Arrest du 10. Mars 1648. fut declaré commun auec eux & le Suppliant, qui est comme ledit Magdelain Conseiller & Medecin ordinaire du Roy, sa Majesté luy ayant fait la grace de luy enuoyer le Breuet en l'année 1652. non seulement en consideration de sa doctrine, capacité & experience en la science & pratique de la Medecine, ainsi qu'il a fait paroistre en plusieurs Liures de Medecine qu'il a composé, entr'autres l'Escole des Sages-femmes, ou l'Art de l'Accouchement, le Traité des fausses Couches, le parfait Medecin Charitable, la traduction de latin en françois des sept liures de la Physiologie, & de la Methode generale de guerir les fiévres composée par Iean Fernel, & plusieurs autres liures qu'il a donné au public, & fait imprimer à Paris; mais aussi en recompense des grands & notables seruices qu'il a rendu à sadite Majesté & à l'Estat pendant les troubles de Paris sa patrie & le lieu de sa naissance, pour le salut & le repos de laquelle il a plusieurs fois exposé sa personne & sa vie és années 1649. & 1652. ainsi qu'il se voit par les lettres à luy écrites par le feu Sieur Cardinal Mazarin & le Sieur Ondedei Euesque de Frejus, & dans les pages 23. & 24. du glorieux Tombeau de la deffunte Reine Mere du Roy, qu'il a composé, & qu'il a eu l'honneur de presenter à sa Majesté, ce qui fait d'autant plus connoistre que lesdits Doyen & Docteurs en Medecine de Paris, auroient moins de raison de luy vouloir empescher & le troubler dans l'exercice de la Medecine dans la Ville & Faux-bourgs de Paris; c'est pourquoy ils n'auroient pas osé comparoistre à l'assignation qu'il leur auroit fait donner au Conseil; si bien que le Suppliant auroit obtenu vn defaut contr'eux; neantmoins continuant dans l'indignation qu'ils ont conceuë contre le Suppliant & ses consors mentionnez en la susdite liste ou Tableau, sur la fin du mois d'Octobre dernier le Suppliant ayant esté appellé pour visiter vne personne malade; & jugeant qu'il estoit necessaire de faire vne consultation; il auroit à cét effet fait appeller les Sieurs Desnos & de Micha fameux &

celebres Docteurs en la Faculté de Medecine desnommez en la liste ou tableau susdit, qui auroient auec le Suppliant ordóné les remedes necessaires à ladite personne malade, le lendemain de ladite consultation l'vn des Medecins de ladite Faculté de Paris ayant passé en la maison de ladite personne malade, & ayant appris que le Suppliant & sesdits consors auoient ordonné lesdits remedes, il en auroit témoigné beaucoup de déplaisir, & dit que s'il auoit rencontré lesdits consultans, il les auroit jetté par les fenestres, & qu'ils estoient des ignorans & des charlatans, qui sont les injures les plus ordinaires, par lesquelles ils taschent de noircir la reputation du Suppliant & de tous ses consors, ne pouuant pas les empescher de pratiquer la Medecine dans la Ville & Fauxbourgs de Paris, pour les raisons suiuantes & sans replique.

La premiere raison est, que les Roys predecesseurs de sa Majesté ont esté, ainsi que sa Majesté est à present autant & également les Fondateurs & les Protecteurs des droicts & des Priuileges de toutes les Vniuersitez qu'ils ont fondé & estably que de celle de Paris, qui peut bien pretendre le rang dans l'Antiquité, mais non pas exclure du droit de filiation les autres Vniuersitez, ny leur contester les mesmes appennages qui leur ont esté accordez par les Roys predecesseurs de sa Majesté, leurs peres communs, qui les ont respectiuement reconnu par les Lettres Patentes de leur establissement, les ouurages de leurs mains Souueraines, & les productions de leur munificence Royale : Tous les Docteurs receus dans l'Vniuersité de Paris ont droit en consequence des Lettres Patentes de leur fondation de faire les fonctions de leur Doctorat dans Paris, & par toute la terre; Le mesme droict & priuilege est pareillement accordé ausdites autres Vniuersitez; Il est donc constant & sans replique, que les Docteurs qui y sont admis au Doctorat en peuuent faire les fonctions dans Paris, & par tout le monde, & l'on ne les a iamais empesché dans Paris, comme l'experience & la pratique ordinaire en sont des témoins irreprochables, soit à l'égard des Docteurs en Theologie, que de Droict Canon & autres.

La seconde raison est, que par l'article 87. de l'Ordonnance de Blois de l'an 1579. il n'est deffendu de pratiquer la Medecine qu'à ceux qui ne sont pas Docteurs en ladite Faculté, en ces termes. NVL ne pourra pratiquer la Medecine qu'il ne soit Docteur en ladite Faculté ; donc par vne consequence infaillible tous Docteurs en icelle la peuuent pratiquer, & l'exercice ne leur en peut pas estre empesché, soit dans Paris, soit ailleurs.

La troisiéme raison est, que si l'on empeschoit le libre exercice de la Profession de Medecine dans Paris au Suppliant & à ses Consors, l'on priueroit par ce moyen du droict & Priuilege d'Vniuersité les Villes principales du Royaume, qui en ont esté gratifiées par les Roys predecesseurs de sa Majesté, à quoy il n'y a raison ny apparence quelconque ; & en quoy elles seroient aussi fort interessées ; si bien qu'elles ne peuuent pas estre condamnées sans estre oüyes sur ce sujet ; & sans doute qu'elles ne manqueroient pas d'en faire leurs justes plaintes & remonstrances à sa Majesté, si on les vouloit priuer du droit & Priuilege d'Vniuersité ; & le mesme prejudice seroit pareillement fait à la Ville de Paris, par ce que l'on s'opposeroit, & l'on empescheroit par la mesme raison que tous les Docteurs receus dans la Celebre & florissante Vniuersité de Paris, peussent faire les fonctions de leur Doctorat dans les autres Villes & Vniuersitez, d'où il s'ensuiuroit qu'elles perdroient ainsi toutes leurs droicts & Priuileges, & elles ne seroient plus à l'auenir que des Escoles particulieres & priuées pour chacune des Villes où elles seroient establies, ce qui est tres-digne de remarque en la presente question, & qui monstre tres-bien que le libre exercice de la Medecine ne peut pas estre empesché dans Paris & ailleurs au Suppliant & a ses consors, non plus qu'à tous les Docteurs receus dans l'Vniuersité de Paris en quelque Faculté que se soit, les fonctions de leur Doctorat, sans ruiner & destruire toutes les Vniuersitez, ce que les seuls Docteurs en Medecine de la Faculté de Paris, qui ne sont que depuis quelque temps la quatriéme & derniere partie du fameux & illustre Corps de ladite Vniuersité de Paris ont pretendu faire reüssir pour vn interest particulier & indigne de l'eminente & noble qualité d'vn Docteur receu dans vne si glorieuse Vniuersité, telle qu'est l'Vniuersité de Paris, & mesme au grand prejudice de la santé publique de

tous

tous ses habitans, comme il sera iustifié cy-apres.

La quatriéme raison est, que les Vniuersitez sont dites Vniuersitez, par ce qu'elles donnent le droict & le Priuilege à tous les Docteurs qui y sont receus de faire les fonctions de leur Doctorat par tout l'Vniuers, c'est à dire dans toutes les Villes & nations du monde, qui conuiennent toutes de ce principe, comme d'vne loy des gens inuiolable, ce que le Suppliant a reconnu en plusieurs voyages, qu'il a fait dans l'Italie, sur tout à Rome, en Angleterre, dans la Ville & Vniuersité d'Oxford, dans la Flandre, & dans presque toutes les Villes de la France, depuis 25. ans passez qu'il est Docteur en la Faculté de Medecine.

La cinquiéme raison est, que la profession de Medecine est la profession d'vne Science diuine, seule recommandée par les saintes Lettres, & qui a pour object la conseruation & la restitution de la santé de l'homme, le chef-d'œuure de la main de Dieu, & non pas des briques, de la terre, du bois, des pierres, des tuiles & du cuir, comme parle tres-bien Galien en son Commentaire sur le 1. Aphorisme du 1. Liure des Aphorismes d'Hippocrates, où il adjouste qu'en la pratique de la Medecine l'experience estoit perilleuse, attendu la dignité de son sujet; si bien qu'il a esté necessaire d'establir des Vniuersitez, & que N. S. P. le Pape, & les Roys predecesseurs de sa Majesté, ayent appellé & choisi des Professeurs & Docteurs en la Faculté de Medecine, & qu'ils leur ayent accordé le droict & le priuilege de pouuoir examiner la doctrine & la capacité des Aspirans au degré du Doctorat, & de leur donner apres leur examen & leurs Theses soustenuës dans les Escoles publiques, comme il se fait depuis quelque temps en celle des Medecins de la Faculté de Paris, à leur exemple, la faculté d'en exercer les fonctions par tout l'Vniuers: Et comme la Profession de Medecine est autant excellente & preeminente au dessus tous les Arts & Mestiers des gens mechaniques, que son sujet est releué & éminent au dessus tous les sujets inanimez desdits Arts & Mestiers vils & mechaniques, il est manifeste & notoire que les Docteurs en la Faculté de Medecine de Paris, ne pourront iamais se parer du juste blasme que les

Vniuersitez de toute la terre leur pourront faire, de s'estre mis au rang vil & abjet des Sauetiers, des Tuilliers, des Tailleurs de pierres, des Charpentiers, des Menuisiers, des Potiers, & autres Artisans mechaniques, iusqu'à ce qu'ils ayent desauoüé & fait rayer en leur Plaidoyer inseré dans l'Arrest qu'ils ont obtenu au Parlement de Paris contre Me Theophraste Renaudot, la comparaison odieuse & le parallele honteux qu'ils y ont fait du degré eminent du Doctorat auec les Barbiers, Chirurgiens & autres Arts & mestiers vils & mechaniques ; autrement il faudroit qu'ils fussent assez persuasifs pour faire accroire aux simples qu'il n'y a qu'eux de Docteurs en la Faculté de Medecine, & que toutes les autres Vniuersitez de France & Estrangeres n'ont pas le pouuoir de conferer le degré du Doctorat en Medecine, comme leurdite Faculté, qui n'a point pris sa naissance auec tout le corps Auguste & celebre de l'Vniuersité de Paris, & seulement depuis quelque siecle ; ce qui a esté assez bien prouué en plusieurs Liures & Traitez, qui ont esté composez sur ce sujet ; & quand mesme ils iustifieroient que le contraire seroit plus clair que le Soleil, ils ne pourroient pas empescher le libre exercice de la Medecine au Suppliant & à ses consors receus comme eux Docteurs en la Faculté de Medecine, apres auoir esté rigoureusement examinez, & soustenu leurs Theses dans les Escoles publiques des Vniuersitez establies comme celle de Paris par Bulles de sa Sainteté, & Lettres Patentes des Roys predecesseurs de sa Majesté, par lesquelles il leur est permis de faire leur profession de Medecine dans Paris, & par tout ailleurs.

La sixiéme raison est, que les Professeurs & Docteurs en Medecine des autres Vniuersitez s'acquittent tres-parfaitement bien de leur deuoir en l'examen & reception qu'ils font des personnes dignes & capables du degré du Doctorat, en la Faculté de Medecine, ne les receuans pas, comme l'on dit, sous la cheminée, & pour le iustifier sans replique au doigt & à l'œil, il n'y a qu'à produire au iour les Docteurs en la Faculté de Medecine desnommez dans ladite liste ou Tableau, qui sont quarante-sept lumieres éclatantes, & quarante-sept raisons toûjours viuantes, & presque toutes parlantes, qui peuuent éblouïr les yeux, & conuaincre sans replique les Docteurs en Medecine de la Faculté de Paris, toutefois & quantes qu'ils oseront aduancer le contraire, & jetter quelque poussiere aux yeux des moins clair-voyans, disant qu'à Paris le temps des Estudes, de la demeure sur les bancs, & de subir l'examen, est plus long que dans les autres Vniuersitez; car chacun sçait que ce n'est pas du sejour du lieu, de la longueur du temps de l'estude, de la plus longue demeure sur les bancs, & à subir l'examen, d'où despend l'acquisition de la science, mais bien de la bonté & capacité naturelle de l'esprit, & de l'application serieuse à l'estude, car l'on en voit tous les iours qui ont demeuré trois ans dans vne classe, qui sont moins sçauans que ceux qui n'y ont estudié que l'espace ordinaire d'vne année, ou d'vne demie année.

Il faut aussi aduoüer que la longueur de la demeure sur les bancs à Paris est vn sujet d'vne grande dépense, vn temps ennuyeux & vn retardement incommode aux Aspirans, qui empesche la reception de plusieurs Docteurs en Medecine, & leur pratique qui pourroit diminuer celle des Anciens, & leur lucre ordinaire, & ce qui oblige lesdits Aspirans, qui doiuent estre capables d'estre admis au degré du Doctorat, auparauant que de se mettre sur les bancs, & de se presenter pour subir l'examen, d'aller prendre leurs degrez dans les autres Vniuersitez, qui en effet ont refusé d'y admettre plusieurs qui n'en estoient pas dignes, & qui ne les ont iamais dénié aux doctes & sçauans Personnages.

En apres il est certain que le public ne peut pas estre facilement abusé en la fonction d'vn Docteur en Medecine, parce qu'il n'y a d'ordinaire que les plus doctes & les plus Experts, qui sont employez, les autres demeurant negligez & sans pratique, partant les Medecins de la Faculté de Paris ne peuuent pas empescher le Suppliant & ses consors de pratiquer la Medecine dans Paris & ailleurs.

La septiéme raison est, qu'il est de la derniere consequence & necessité, comme l'vsage le monstre constamment, qu'il y ait dans vne grande & capitale Ville, telle qu'est la Ville de Paris des Medecins non seulement originaires d'icelle, ou bien qui y font depuis long-temps leur sejour ordinaire, & tels que sont presque tous les Medecins de la Faculté de Paris, mais aussi d'autres Medecins natifs d'autres lieux, ou qui en estant originaires ont fait plusieurs voyages dans les Prouinces de la France & des Pays Estrãgers, ainsi que sont & ont fait presque tous les Docteurs en Medecine des autres Vniuersitez, qui viennent exercer la Medecine dans Paris, dautant que la grande affluence de peuple qui y arriue continuellemẽt de toutes parts sont de conditions & qualitez differentes, de temperament dissemblable, d'vne habitude singuliere du corps & d'vn regime de viure souuent contraire, d'où s'ensuiuent plusieurs sortes de maladies tres-difficiles, d'en reconnoistre les especes, les causes & les symptomes, d'en faire le prognostic, ou d'en iuger l'issuë, & d'ordonner les remedes necessaires pour les guarir, ce qui fait qu'elles ne peuuent pas estre bien traitées & pansées par vne mesme methode, par des preceptes semblables, par vne pratique conforme, & par des aduis & des sentimens pareils.

Il est vray que les Medecins de la Faculté de Paris sont entr'eux dans vne perpetuelle discorde, comme ils l'ont fait paroistre de tout temps par plusieurs libelles qu'ils ont fait courrir les vns contre les autres, & par plusieurs Arrests qu'ils ont obtenu ensuite audit Parlement de Paris, depuis quelque mois, & qu'ils ont fait afficher par toutes les ruës, & carrefours de Paris, pour l'approbation de l'vsage de l'Antimoine, que toute leur Escole auoit condamné il y a cent ans, non pour autre raison, sinon qu'il auoit esté introduit dans la pratique de la Medecine par des Docteurs en icelle, qui n'estoient pas de leur Faculté; lesquels libelles & Arrests éterniseront à iamais la memoire desdits Docteurs en Medecine, autres que de leurdite Faculté, & seront des tesmoins irreprochables qu'ils sçauent inuenter des remedes beaucoup plus vtils & plus asseurez pour guarir les maladies longues, fascheuses & rebelles, & pour la conseruation de la santé du corps humain, que non pas les Medecins de ladite Faculté de Paris, ce qu'ils sont contraints de reconnoistre par lesdits libelles & Arrests, & par le recours & l'approbation qu'ils en font, & d'auoüer qu'ils apprennent

d'eux

d'eux, & du libre exercice de leur profeſſion de Medecine dans Paris, l'vne des deux principales parties d'icelle, & la plus importante, qui eſt la pratique,

Les Medecins de la Faculté de Paris conuiennent toutes-fois en deux choſes : La 1. en leur auerſion contre les Docteurs en Medecine des autres Vniuerſitez, ſoit à les pourſuiure en juſtice, & à leur faire des procez, ou ſoit à leur faire des menaces & à leur dire des injures, qui eſt la marque euidente de ceux qui ont vne mauuaiſe cauſe & nulle raiſon; & qui n'offenſent point ceux qui n'en font point de cas, comme fait le Suppliant, auquel elles cauſent plus de compaſſion que de colere. La 2. en leur routine commune, tres-ſimple & tres facile de pratiquer la Medecine, qui conſiſte ordinairement à ordonner des ſaignées, du ſon, du ſené & à boire de l'eau de la ſeine, ayant meſmé eſté ſouſtenu dans leur Eſcole qu'vn grand nombre de bons remedes eſtoient des bagatelles & des inuentions des Arabes pour abuſer les malades, ſelon qu'il eſt porté dans vne de leur theſe ſouſtenuë en l'année 1647. par Iean de Montigny, imprimée à Paris par Nicolas Boiſſet, & en pluſieurs lieux de leur Medecin charitable, & notamment dans l'annotation 5. ſur les remedes cordiaux au liure de la peſte; tellement que lors qu'il ſe rencontre quelque maladie longue, rebelle & faſcheuſe, l'on a recours aux Docteurs en Medecine deſdites autres Vniuerſitez, qui eſtudient & trauaillent ſans ceſſe à la recherche des remedes les plus commodes & efficaces pour guarir ſeurement & promptement les maladies, non ſeulement des habitans naturels de la Ville & Faux-bourgs de Paris, mais auſſi des autres Prouinces de France & Eſtrangeres, qui y viennent faire leur ſejour, dont ils ont acquis vne connoiſſance plus grande, que les Medecins de la Faculté de Paris, par les voyages & la demeure qu'ils y ont fait, enſemble de leur temperament, de leur maniere de viure & de leurs differentes maladies.

La neceſſité d'auoir dans Paris deux ſortes de Docteurs en la Faculté de Medecine paroiſt d'autant plus en l'emulation qu'elle peut cauſer entr'eux de ſe rendre les plus capables & experimentez en leur Profeſſion de Medecine, & à ſe bien acquiter de leur deuoir, ce qu'ils pourroient negliger, & ce qui pourroit faire grand prejudice à la santé publique, s'ils ne craignoient la veuë & la rencontre d'vn censeur bien éclairé, & d'vn competiteur seuere.

La huictiéme raison est, qu'il n'y a rien plus cher ny plus precieux que la vie & la santé, & il n'y a rien en quoy l'on l'on puisse plus interesser & offenser le bien public des Habitans de la Ville & Faux-bourgs de Paris, que de pretendre les vouloir contraindre de se seruir dans leurs maladies seulement des Medecins de la Faculté de Paris, en interdisant & deffendant aux Docteurs en Medecine des autres Facultez le libre exercice de leur profession, car ce seroit les priuer d'vn secours tres-fauorable dans leur plus grand besoin, sous pretexte de feindre vouloir empescher qu'ils ne soient pas trompez, comme il ne se peut pas faire, ainsi qu'il a esté monstré cy-deuant, & l'experience iournaliere iustifie le contraire en la guarison d'vn tres-grand nombre de malades, qu'ils ont assisté, & qui auoient esté abandonnez par les Medecins de la Faculté de Paris.

Enfin les Medecins de la Faculté de Paris ne peuuent point empescher le libre exercice de la Medecine ausdits Docteurs en la Faculté de Medecine des autres Vniuersitez, d'autant qu'ils priueroient, non seulement les communs Bourgeois & Habitans de Paris du secours notable qu'ils en reçoiuent tous les iours en leurs maladies, qui est la raison & le motif qui fait qu'ils les estiment, choisissent & preferent, comme aussi le sujet pour lequel ils se seruent beaucoup plus volontiers de leurs aduis & conseils, que de ceux des Medecins de la Faculté de Paris, mais aussi les plus considerables, & les premiers Magistrats des Cours Souueraines qui reconnoissent & iugent tres-bien que les soulagemens & les assistances continuelles qu'ils experimentent dans leurs propres maladies, les engagent indispensablement de les conseruer & maintenir dans le libre exercice de leur Profession, tant pour leur vtilité particuliere que celle de tout le public; & leurs Majestez mesme, les Princes & Princesses du Sang, & les premiers Officiers de la Couronne auroient esté pareillement priuez des seruices importans qu'ils ont receus de leurs premiers Medecins qu'ils ont appellé à ces charges eminentes, car ils n'en auroient pû faire le chois, s'ils n'auoient auparauant donné de grandes preuues pendant vn long espace de temps de leur science, doctrine & experience par le libre exercice de leur profession de Medecine, que les Medecins de la Faculté de Paris ne peuuent pas empescher au Suppliant & à ses consors.

Il ne reste plus rien a adjouster à toutes les raisons susdites, que la responſe en deux mots à l'Arrest obtenu audit Parlement le premier Mars 1644. par les Medecins de la Faculté de Paris contre Maistre Theophraste Renaudot, ayant par les raisons precedentes discuté & dissipé comme le vent fait la poussiere, tous les pretextes faux & apparens du bien public, qui ont seruy de Plaidoyer dans vne Audiance, & non pas de fondement audit Arrest, puis qu'il est constant, par ce qui a esté expliqué cy-dessus que la santé publique, & le bien general & particulier de tous les Bourgeois & Habitans de la Ville de Paris y est plus interessé, ensemble toutes les Vniuersitez, les Villes & Prouinces, dans lesquelles elles sont establies, que non pas le Suppliant & ses consors, lesquelles Villes & Vniuersitez sont les parties principales en cette cause, & qui pour ce doiuent estre toutes appellées, & alors elles sçauront tres-bien soustenir leur bon droict contre les vaines & irraisonnables pretentions des Medecins de la Faculté de Paris, qui sans doute ont surpris le Recteur & Supposts de de l'Vniuersité de Paris en leur interuention, pour l'obtention dudit Arrest, rendu autant contr'eux, leurs droicts & priuileges, que contre ceux des autres Vniuersitez, pour les raisons cy-deuant déduites.

La premiere réponse audit Arrest est, qu'il n'est pas soustenable, ayant esté rendu contre l'Ordonnance de Blois article 87. qui ne deffend l'exercice de la Medecine qu'à ceux qui ne sont pas Docteurs en ladite Faculté, & non pas à ceux qui le sont, ainsi qu'il a esté deffendu par ledit Arrest, lequel ce faisant casse & abolit les droicts & les Priuileges de toutes les Vniuersitez, sans auoir esté oüyes ny appellées, & de plus sans opposition ny requeste ciuile, les Arrests du Grand Conseil du 26. Septembre 1458. & dudit Parlement de Paris du 30. Ianu. 1549. par lesquels il est ordonné que l'enregistrement ſera fait auſdits Grand Conſeil & Parlement des Lettres Patentes de la Fondation Royale de l'Vniuerſité de la Ville de Rheims, à laquelle, par la teneur d'icelles Lettres, ſont accordés tous les droicts & Priuileges concedez à l'Vniuerſité de Paris, & aux autres Vniuerſitez.

La ſeconde & principale reſponſe eſt, que les Medecins de la Faculté de Paris n'auroient iamais pû obtenir ledit Arreſt, s'ils n'auoient confondu le fait de la Medecine auec la Gazette, le Bureau d'Adreſſe, les preſts ſur gages & à vſure, les ventes à graces, & les autres abus & maluerſations qui y ſont remarquées en la perſonne dudit Renaudot, que ſes deux enfans à preſent Medecins en la Faculté de Medecine de Paris, deuroient faire caſſer, & empeſcher qu'il ne fut iamais produit en public, & meſme toute ladite Faculté de Medecine de Paris, puis qu'il n'a iamais eſté executé à l'égard des deffenſes faites aux Docteurs en Medecine deſdites autres Vniuerſitez, & principalement dautant que lors qu'ils en ont demandé l'execution par leurs Requeſtes preſentées au Conſeil les 30. Octobre 1646. & 15. Fevrier 1648. contre ledit ſieur Magdelain, ils en ont eſté deboutez par le ſuſdit Arreſt contradictoire rendu à l'Audiance le 10. Mars 1648. ſi bien que ledit Arreſt leur cauſera peut-eſtre toûjours plus de bruit que de fruit, & ce qui ſans doute & non pas ſans deſſein les à fait tenir dans le ſilence depuis plus de vingts années, lequel le Suppliant & ſes conſors garderoient auſſi volontiers, ſi ce n'eſtoit qu'au mépris dudit Arreſt du Conſeil, ils continuent de les menacer de les ietter par les feneſtres, & de leur dire des injures, & de plus qu'ils ont reconnu qu'ils taſchoient de les confondre auec les ignorans, & les Charlatans contre leſquels ils ne font point expreſſement aucunes pourſuites pour ce ſujet, dequoy le Suppliant a eſtimé pouuoir en quelque maniere ſe bien deffendre au moyen de la ſuſdite liſte ou Tableau qu'il leur a fait ſignifier, mais dont il ſera mieux & ſes conſors à couuert, & de toutes les injures & menaces deſdits Medecins de la Faculté de Paris par l'authorité du Conſeil, ſur les Regiſtres duquel ont eſté premierement verifiées leſdites Lettres Patentes de l'Vniuerſité de la Ville de Rheims, & qui eſt le conſeruateur & le Iuge des droicts

&

& Priuileges des Vniuersitez, & de l'execution dudit Arrest du 10. Mars 1648. rendu audit Conseil sur les Requestes desdits Medecins de la Faculté de Paris. C'est pourquoy il a esté conseillé de presenter sa Requeste pour luy estre sur ce pourueu; CE CONSIDERE', NOSSEIGNEVRS, Il vous plaise de vos graces, permettre au Suppliant de faire assigner au Conseil lesdits Doyen & Docteurs en la Faculté de Medecine de Paris, pour voir dire & declarer ledit Arrest du Conseil du 10. Mars 1648. commun auec eux & le Suppliant; ce faisant ordonner qu'il continuera d'exercer & pratiquer la Medecine dans la Ville & Faux-bourgs de Paris, auec iteratiues deffenses de l'empescher ny troubler, à peine de cinq cens liures d'amande, de faire des consultations de Medecine auec ses consors dénommez en la susd. liste ou Tableau, soit dans leurs maisons entr'eux, ou dans les maisons des malades par lesquels ils auront esté appellez, ny dans le libre exercice & pratique de la Medecine; ensemble les Maistres & Gardes des Apothiquaires, pour voir dire & ordonner qu'ils ne pourront receuoir ny executer les Ordonnances que des Docteurs en la Faculté de Medecine mentionnez en la susdite liste ou Tableau, & dans celle des Medecins de la Faculté de Paris, qu'ils seront tenus d'auoir à cet effet dans leurs boutiques, comme aussi les ignorans & charlatans qui exercent temerairement la Medecine dans la Ville & Faux-bourgs de Paris, pour leur estre fait deffenses de continuer à l'aduenir d'y plus pratiquer la Medecine, à peine de cinq cens liures d'amende, & pareillement sous la mesme peine, à tous Docteurs en la Faculté de Medecine de Montpellier, Rheims & autres Vniuersitez approuuez, qu'ils n'ayent deuëment fait apparoir les lettres de leur Doctorat, comme tous les dénommez en la susdite liste ou Tableau y ont plainement satisfait, joint que par le merite de leurs eminentes Charges, leur science & leur pratique de Medecine, ils sont presque tous reconnus tels depuis plusieurs années dans la Ville & Faux-bourgs de Paris; & cependant faire deffenses aux parties de se pouruoir ailleurs qu'au Conseil, à peine de nullité & cassation de toutes les procedures, de mil liures d'amende, & de tous despens, dommages,

& interests, tant sur la presente Requeste, que circonstances & dependances, declarant qu'il constitué Maistre Charles Bordas pour son Procureur; Et vous ferez Iustice. Signez CHARLES DE S. GERMAIN & BORDAS.

Soient les parties assignées en vertu & aux fins de la presente Requeste, & cependant deffenses de rien faire au prejudice de la Iurisdiction du Conseil. Fait audit Conseil, à Paris le 22. Nouembre 1668.

Extraict des Registres du Grand Conseil du Roy.

ENTRE les Doyen, Docteurs, & Regens de la Faculté de Medecine à Paris, demandeurs en Requeste par eux presentée au Parlement de Paris, le 20. Octobre 1646. ce que, pour les causes y contenuës, & suiuant & conformement aux Arrests dudit Parlement par eux obtenus, & entr'autres vn donné contre Me Theophraste Renaudot Medecin en l'Vniuersité de Medecine de Mont-pellier, du premier iour de Mars 1644. portant deffences à toutes personnes de pratiquer & exercer la Medecine à Paris, s'ils ne sont du Corps de ladite Faculté de Paris, ou Medecins du Roy actuellement seruans: Deffences soient faites à Maistre Antoine Magdelain de pratiquer & exercer la Medecine à Paris; Et requerant l'adjonction de Monsieur le Procureur General pour y estre presentement pourueu, estant question de la santé publique, & de l'authorité des Arrests du Parlement & execution d'iceux, d'vne part. Et ledit Maistre Antoine Magdelain Docteur en l'Vniuersité de Medecine de Montpellier, Conseiller & Medecin ordinaire du Roy, deffendeur d'autre. Et entre ledit Magdelain, demandeur en Requeste par luy presentée au Conseil le 26. Octobre 1646. à ce que pour les causes y contenuës il soit deschargé de l'assignation à luy donnée audit Parlement de Paris en vertu de ladite Requeste desdits Medecins de la Faculté de Paris, le 22. du mois d'Octobre audit an; ce faisant qu'il soit ordonné que ledit Magdelain continuëra l'exercice & profession de la Medecine, tant en cette ville qu'ailleurs, & que deffenses soient faites ausdits Medecins de la Faculté de Paris, de l'empescher, & pour l'auoir fait qu'ils soient condamnez en cinq cens liures d'amande, & aux despens, dommages & interests dudit Magdelain, d'vne part. Et lesdits Doyen, & Docteurs en Medecine de la Faculté de Paris, deffendeurs d'autre. Et entre lesdits Doyen, Docteurs & Regens en Medecine de ladite Faculté de Paris, demandeurs en Requeste par eux presentée au Conseil le 30. dudit mois d'Octobre, aux fins que ledit Magdelain ait à venir plaider sur ladite Requeste, & les parties renuoyées audit Parlement de Paris, pour y proceder sur l'instance y pendante, fins & conclusions de ladite Requeste cy-dessus par eux presentée audit Parlement ledit iour 20. Octobre 1646. d'vne part : Et ledit Magdelain deffendeur d'autre. Et entre ledit Magdelain demandeur en excés, crimes & delits, Monsieur le Procureur General du Roy joint, d'vne part : Et Maistre Claude le Vasseur Docteur en Medecine de ladite Faculté de Paris, deffendeur & accusé, d'autre. Et entre ledit le Vasseur aussi demandeur en excés, crimes, & delits, d'vne part : Et ledit Magdelain deffendeur d'autre. Et entre ledit le Vasseur demandeur en Requeste par luy presentée au Conseil le 12. Fevrier 1648. à ce que pour les causes y contenuës, & attendu que le Lieutenant Criminel de Paris est saisi desdites instances de crimes sur les plaintes respectiuement faites par les parties, & que ledit Magdelain n'a aucune qualité ny priuilege pour attirer la connoissance au Conseil desdites instances de crimes, & sans auoir égard à la Requeste dudit Magdelain, afin que les informations qu'il a fait faire audit Chastelet fussent decretées, mesmes au decret, si aucun y a, decerné sur icelles, les parties soient renuoyées pardeuant ledit Preuost de Paris ou son Lieutenant Criminel, pour estre le procez fait & parfait audit Magdelain, ainsi que de raison, & où il se trouueroit que ledit Magdelain eust ses causes commises au Conseil, comme il suppose, ordonner que son procez luy sera fait par les Commissaires, qui à ce faire seront deputez par le Conseil sur les plaintes, charges, & informations faites à la Requeste dudit le Vasseur, qui ont esté apportées au Greffe dudit Conseil, d'vne part : Et ledit

Magdelain deffendeur d'autre. Et entre ledit le Vasseur demandeur en Requeste verbale par luy presentement faite en l'Audiance du Conseil, à ce qu'attendu que ledit Magdelain au prejudice de ladite Requeste, signifiée à son Procureur ledit iour 12. Fevrier dernier a obtenu vn Arrest du Conseil du 13. dudit mois de decret d'adjournement personnel contre ledit le Vasseur, en vertu duquel il l'a fait assigner à comparoir en personne audit Conseil, il soit receu opposant à l'execution dudit Arrest; & ce faisant qu'il soit ordonné, que sans auoir égard à la plainte dudit Magdelain, information & decret, comme faite par vne pure recrimination, les parties seront renuoyées audit Chastelet de Paris, suiuant les conclusions portées par sadite Requeste cy-dessus, d'vne part : Et ledit Magdelain deffendeur d'autre. Et entre lesdits Doyen, Docteurs & Regens en Medecine de ladite Faculté de Paris, demandeurs en autre Requeste par eux presentée au Conseil le 15. Fevrier dernier, à ce que pour les causes y contenuës, ils soient receus parties au procez & instance d'entre ledit le Vasseur & ledit Magdelain, pour soustenir que les parties doiuent estre renuoyées audit Parlement de Paris pour y proceder en execution desdits Arrests par eux obtenus en ladite Cour, & sur la demande qu'ils y ont faite audit Magdelain par ladite Requeste du 20. Octobre 1646. & à l'égard desdits le Vasseur & Magdelain, que les parties doiuent estre aussi renuoyées pardeuant ledit Lieutenant Criminel de Paris, pour y proceder sur leursdits procez & differends, ainsi que de raison, d'vne part : Et ledit Magdelain & Vasseur, deffendeurs d'autre: Apres que Bernage Aduocat pour ledit Magdelain, present en l'Audiance; Petit-Pas Aduocat pour ledit le Vasseur, aussi present en l'Audiance : Du Hamel Aduocat pour lesdits Docteurs en Medecine de la Faculté de Paris : & le Procureur General du Roy ont esté oüis, LE CONSEIL sur le tout, A mis & met les parties hors de Cour & de procez, sans despens : & leur a fait deffenses respectiuement de se mesfaire ny mesdire. Fait audit Conseil à Paris, le dixiéme iour du mois de Mars mil six cens quarante-huit. Signé ROGER.

EXTRAICT DES REGISTRES *du grand Conseil du Roy.*

ENTRE Maiſtre Charles de S. Germain, Docteur en la Faculté de Medecine, Conſeiller Medecin ordinaire du Roy, demandeur en Requeſte par luy preſentée au Conſeil le vingt deuxiéme iour de Nouembre mil ſix cens ſoixante-huit, A ce que pour les cauſes y contenuës deffenſes ſont faites à tous ignorans & charlattans de pratiquer la Medecine dans la Ville & Faux bourgs de Paris, à peine de cinq cens liures d'amande, & ſous meſme peine à tous Docteurs en l'Vniuerſité de Medecine de Montpellier, Rheims & autres Vniuerſitez qu'ils n'ayent deuëment fait apparoir les Lettres de leur Doctorat, d'vne part. Et Maiſtre Antoine Foreſtz Docteur en la Faculté de Medecine, deffendeur d'autre. Et entre ledit Foreſtz demandeur en Requeſte verbale par luy preſentement faite en l'Audiance du Conſeil; à ce qu'attendu qu'il a fait voir l'original de ſes Lettres de Docteur en la Faculté de Medecine à Me Gobert Louuel auſſi Docteur en la Faculté de Medecine, Conſeiller & Medecin ordinaire du Roy & de Madame, Ducheſſe doüairiere d'Orleans, tante du Roy, & Maiſtre Antoine Fredonnet auſſi Docteur en la Faculté de Medecine deſnommez en la Liſte ou Tableau des Docteurs en l'Vniuerſité de Medecine de Montpellier, Rheims, & autres Vniuerſitez, reſidens dans la Ville & Faux-bourgs de Paris en la preſente année 1668. & pareillement audit de S. Germain, auquel il en a fait ſignifier & bailler copie, ſon nom ſera adjouſté en ladite Liſte ou Tableau; Ce faiſant qu'il pourra, comme peuuent & pourront faire à l'auenir tous les deſnommez en la ſuſdite Liſte ou Tableau, pratiquer librement la Medecine dans la Ville & Faux-bourgs de Paris, & par tout ailleurs d'vne part; Et ledit de S. Germain deffendeur d'autre. Apres que Petit-pas pour ledit de sainct Germain present à l'Audiance, assisté de Bordas son Procureur, Petit pour ledit Forestz aussi present à l'Audiance, & de Marillac pour le Procureur General a aussi esté oüy : LE CONSEIL a ordonné ordonne que le nom dudit Forestz sera adjousté à la Liste ou Tableau des Docteurs en l'Vniuersité de Medecine de Montpellier, Rheims, & autres Vniuersitez ; ce faisant pourra comme les desnommez en ladite Liste ou Tableau pratiquer & exercer la Medecine dans la Ville & Faux-bourgs de Paris, & par tout ailleurs, sans despens du consentement des parties. FAIT audit Conseil à Paris le dernier iour de Decembre mil six cens soixante-huit. Signé HERBIN.

www.ingramcontent.com/pod-product-compliance
Lightning Source LLC
LaVergne TN
LVHW052030160826
845678LV00003B/1254

* 9 7 8 2 3 2 9 6 2 0 5 0 3 *